ADAUTO FELISÁRIO MUNHOZ

Vida de São Peregrino

Orações, ladainha e novena

EDITORA
SANTUÁRIO

Coordenação Editorial: Ana Lúcia de Castro Leite
Copidesque: Sofia Machado
Revisão: Luana Galvão
Diagramação: José Antonio dos Santos Junior

Dados Internacionais de Catalogação na Publicação (CIP) de acordo com ISBD

M966v Munhoz, Adauto Felisário

Vida de São Peregrino: orações, ladainha e novena / Adauto Felisário Munhoz. - Aparecida : Editora Santuário, 2021.
104 p. ; 14cm x 21cm

Inclui índice
ISBN: 978-65-5527-105-8

1. Religião. 2. Cristianismo. 3. São Peregrino. 4. Orações. I. Título.

2021-1691 CDD 235.2
CDU 235

Elaborado por Odilio Hilario Moreira Junior - CRB-8/9949

Índice para catálogo sistemático:
1. Cristianismo : Santos 235.2
2. Cristianismo : Santos 235

1ª impressão

Rua Pe. Claro Monteiro, 342 – 12570-000 - Aparecida-SP
Tel.: 12 3104-2000 – Televendas: 0800 016 00 04
www.editorasantuario.com.br
vendas@editorasantuario.com.br

Apresentação

Só amamos o que conhecemos. Para bem conhecer uma pessoa, é bom sabermos sobre sua origem, sua terra natal, seus costumes e a sociedade em que viveu e cresceu. Só assim vamos conseguir entender a caminhada e as atitudes dessa pessoa.

Não temos tantos documentos sobre a vida de São Peregrino, como acontece com outros santos, mas os parcos relatos que temos são verídicos e edificantes.

A vida de um santo não deve ser entendida apenas como uma história, porque, em alguns casos, as histórias são romanceadas, destruindo a beleza da mensagem verídica. Uma biografia exige pesquisas e não deve conter apenas os relatos, mas a catequese que o santo viveu e todos os exemplos que nos deixou, como uma herança de santidade, incluindo suas fraquezas e lutas de superação.

Um santo é aquele que, sendo humano e sujeito a todos os tipos de falhas e quedas, trabalhou em si próprio construindo uma nova pessoa, eliminando todos os dias as arestas das imperfeições. Santo é aquele que prova para nós que é possível atingir a perfeição e que isso só depende de cada um de nós. E, mesmo quando todas as seduções se apresentam como atrativos irresistíveis, ele diz um não porque sabe discernir o que edifica e o que é falso e ilusório. O santo vive com os pés na terra, mas com a cabeça no céu. Suas atitudes, às vezes, até assustam e são questionáveis, mas é que eles já estão vivendo o céu na terra.

São Peregrino é um exemplo impressionante. Assim como outros santos, como São Francisco de Assis e Santo Inácio de Loyola, também foi um jovem rico dado a viver uma vida de luxo, vaidade e ostentação. E, além de tudo isso, integrava um grupo reacionário de ideologia anticlerical fanática, a ponto de agredir e ofender quem se mostrasse contrário a seus pensamentos. São Peregrino, tal como Francisco de Assis, abandonou tudo para seguir a Deus. Enquanto muitos acham que só serão felizes se forem ricos, esses santos, que já nasceram ricos, no famoso "berço de ouro", mostram-nos o contrário. Eles, que viveram a experiência de ter tudo, mostram-nos que ser feliz é não ter nada, mas um coração cheio de amor para com Deus e para com o próximo.

São Peregrino, tão invocado contra a terrível doença do câncer, seja também um modelo a ser seguido na luta pela perfeição, na busca constante de viver no amor de Deus, na graça e na miserocórdia para com os menos favorecidos. Que ele nos livre do câncer da corrupção, do egoísmo, da avareza, da lascividade e do desamor.

Que São Peregrino interceda por seus devotos, em todas as graças que buscam, por meio de seus incansáveis e insistentes pedidos diante do trono de Deus.

Que São Peregrino interceda por todos nós.

Adauto Felisário Munhoz, OP

I
História

TERRA NATAL

Forli é uma comuna italiana, uma cidade na região de Emilia-Romanha, província de Forli Casena. Uma cidade belíssima de origem muito antiga, que foi o berço de figuras famosas, como Melozzo da Forli, Caterina Sforza, Césare Borgia e Aurélio Saffi.

Mantendo o aspecto moderno e medieval, a cidade é uma parada importante para se conhecer a história e as tradições italianas. Tem aproximadamente 110.209 habitantes.

A Abadia Medieval, imponente e magistral, mostra-se uma das mais importantes construções da cidade. Dedicada a São Mercuriale, com cerca de setenta e dois metros, nela se encontram famosas pinturas de Marco Parmezzano.

A padroeira de Forli é Nossa Senhora do Fogo, título recebido pelo milagre de ter impedido que, durante um incêndio, o ícone da Virgem Maria, com o Menino Jesus, fosse destruído pelas chamas.

Forli, uma cidade que guarda a arquitetura, a história e os museus que nos remetem à época medieval, possui a Praça Saffi com seus elegantes prédios renascentistas.

Foi nessa belíssima cidade italiana que nasceu Peregrino Laziosi, o futuro São Peregrino. E, como os desígnios de Deus são misteriosos e insondáveis, quis o onipotente que Peregrino, a exemplo de São Francisco de Assis, vivesse sua vida sempre próximo de sua terra natal. Em Forli, Peregrino viveu os arroubos de sua juventude como qualquer jovem dos dias de hoje, cometendo erros e acertos até sua plena conversão, quando ele próprio se pôs a refletir sobre a vida e em que estrada iria se inserir para fazer sua caminhada terrena.

Em Forli viveu as três fases de sua vida. A infância, a juventude tresloucada e a conversão e santificação. Parece-nos que Deus quis mostrar aos demais habitantes da cidade que uma pessoa pode transformar-se de forma radical, desde que queira e tome posse da graça que Deus lhe oferece. Quis Deus que o santo fosse um testemunho vivo dessa conversão à santidade, diante dos olhos de seus contemporâneos. E Forli nunca mais foi a mesma, depois que Peregrino lá nasceu, viveu e se santificou. Hoje, para lá seguem cristãos do mundo todo em peregrinações para rezar e venerar suas relíquias, seu corpo incorrupto.

A FAMÍLIA

Peregrine Laziosi nasceu em Forli, no ano 1265. Para nós, Peregrino. Não se tem uma data precisa do dia e mês em que nasceu. Foram seus pais Berengario Laziosi e Flora Aspini.

Sua família era rica, podendo ele usufruir de um privilegiado padrão de vida, como qualquer membro de uma alta sociedade. Peregrino foi em seu tempo o que hoje chamamos de "playboy", com as vantagens de ter os melhores mestres para estudar, os mais ricos e sofisticados trajes para se vestir, os melhores calçados, as melhores cantinas para comer e beber os melhores e os mais caros vinhos. E não era só isso, pela postura e situação financeira, cortejava e era cortejado pelas mais lindas mulheres da cidade, como acontece com aqueles que têm posses.

Não há duvida de que Peregrino foi um jovem que teve todos os privilégios que a fortuna propicia e também todo o apoio e toda a estima de seus pais. Naquele tempo, só era alfabetizado e tinha acesso às ciências, à filosofia e a outras matérias acadêmicas quem realmente tinha posses para pagar um mestre exclusivo para si ou, então, reuniam-se em pequenos grupos. O analfabetismo estava longe de ser erradicado. Seus pais não pouparam investimentos e proporcionaram ao filho os melhores mestres daquele tempo.

Há quem pense que as pessoas das épocas passadas eram diferentes, mais comportadas e menos ousadas do que as pessoas dos dias de hoje. Ledo engano. O ser humano é igual em todas as épocas.

Do tipo de renda que vivia seu pai não temos relatos, mas, normalmente, muitos desses ricos eram comerciantes que trabalhavam com produtos finos e importados de outros países. Peregrino, filho querido, teve de seus pais uma vida confortável e cheia de emoções e privilégios. Foi nesse ambiente familiar de alto poderio e conforto que Peregrino vivenciou sua infância, adolescência e juventude. E, de acordo com a mentalidade da época, seus pais e ele, assim como muitos da cidade de Forli, cultivavam um sentimento anticlerical de ódio e perseguição aos bispos e sacerdotes e à Igreja. O povo, de certa forma, resistia e combatia qualquer ação que o clero tentasse realizar na cidade, com o intuito de conseguir convertê-los.

JUVENTUDE TRANSVIADA

Peregrino, como todo jovem que nasceu em berço de ouro, não tinha preocupação nenhuma com a privação de nada e vivia desvairadamente, com outros jovens de sua idade, uma verdadeira juventude transviada. Só pensava em coisas fúteis, como bailes, namoros, prazeres carnais, esportes concernentes à época, ou seja, caçada e corridas de cavalo e outros tipos de folguedos. Cada um tinha seus vícios e suas falhas, e, quando pessoas assim se uniam, chegava a ser perigoso. E lá estava Peregrino no meio, vivendo todo tipo de desvario, com a convicção de que eles é que estavam certos e que sabiam aproveitar a vida. E pelo visto ninguém estava preocupado em corrigi-los, muito menos seus pais, porque davam suporte para que assim vivessem.

Não temos nenhum tipo de informação sobre a existência de mais membros da família, ou seja, não sabemos se Peregrino teve mais irmãos; provavelmente, tenha sido filho único, o que lhe deu o privilégio de ser paparicado e ter tudo o que quisesse.

Peregrino era um jovem idealista, agitado, tão tempestivo que chegou a ganhar o apelido de *Furacão*.

Tendo crescido no meio de uma sociedade essencialmente reacionária e anarquista, ele integrava o grupo dos Gebelinos, liderado pelo Imperador, que mantinha resistência contra o Papa e o afrontava.

A designação "Gibelino" foi "italianizada" da palavra Wibellingen, que era o nome de um castelo usado pelos Hohenstaufen, quando aconteceu o ataque de Frederico Barbarossa, em sua invasão à Itália.

Os *Gibelinos* faziam parte de uma sociedade reacionária e anacrônica, eram anticlericais e combatiam veemente o Papa, os bispos e todo o clero. Havia, porém, outro grupo, os *Guelfos,* cujos integrantes defendiam a Igreja, o Papa e o clero. Foram dias difíceis de batalhas ferozes entre os hereges radicais e os cristãos conscientes de sua fé, que, como crismados, exerciam sua função de soldados de Cristo, defendendo a Igreja.

O jovem Peregrino, assim como todos os membros de sua família, era da mesma ideologia e, dessa forma, como todos os *gibelinos*, terrível inimigo do Papa e da Igreja.

O PAPA MANDA UM EMISSÁRIO A FORLI

Impressionante como as heresias sempre acompanharam a Igreja, seus membros e seus seguidores. Desde o início, logo após o Pentecostes, quando a Igreja começou sua missão itinerante, as perseguições também começaram contra ela. Todos os apóstolos de Jesus, com excessão de João, foram martirizados. Sempre apareceram falsos profetas, querendo abafar as mensagens evangélicas que os cristãos buscaram espalhar por todos os cantos da terra. A mensagem de Jesus incomoda porque exige uma mudança de vida, e isso não agrada a todos. E, quando alguém se sente incomodado, vê a outra pessoa como uma pedra em seu caminho, e a solução é eliminá-la. E foi mediante o forte testemunho de tantos santos que muitos se converteram porque abraçaram a fé em Jesus Cristo; mas houve quem se sentisse incomodado com essa doutrina e desfechasse perseguições contra os cristãos.

Sem nenhum temor de Deus, em Forli, os *gibelinos* estavam sempre prontos para defender as ideias e os interesses do imperador, atirando-se contra os cristãos, como cães raivosos, que visam estraçalhar o inimigo.

Todas as cidades daquela região do norte da Itália, também conhecida como *Comuna Romana,* eram adeptas de ideologias heréticas e anticlericais. Preocupado com a situação de Forli, o Santo Padre enviou frei Filipe Benício, um emissário seu, para pregar e tentar abrandar a hostilidade do povo.

Frei Filipe era também o prior da Ordem dos Servos de Maria na cidade de Sena. Era humilde, porém, eloquente em seus sermões. Começou sua empreitada de realizar um trabalho de conversão na cidade. No meio daquele povo bruto, havia também pessoas de fé, que, embora em um número menor, estavam ali, fiéis à Igreja e a seus ensinamentos, ouvindo e prestando atenção em suas pregações.

Em um momento em que frei Filipe pregava, apareceu Peregrino com seu grupo de arruaceiros e encrenqueiros. Invadiram o local sagrado fazendo enorme baderna, chutando tudo, gritando e falando coisas desconexas e nada edificantes. O grupo retirou frei Filipe do púlpito, e Peregrino, o "Furacão", sem escrúpulo algum, chegou a dar umas bofetadas no rosto do sacerdote. Frei Filipe, calado, ofereceu o outro lado da face para que ele continuasse a bater. Peregrino foi tocado com essa atitude do frade, que, humildemente, olhando para seus olhos, em silêncio, provocou tremenda perturbação a sua consciência e terrível tormento a sua alma.

ARREPENDIMENTO E PERDÃO

Aquele olhar de frei Filipe tocou profundamente o coração de Peregrino, que entrou em um profundo estado de tristeza e remorso pelo ato errado que fez. Se essas coisas antes lhe davam imensa satisfação por tê-las feito, agora não estava sentindo isso. Desencadeou uma tempestade em sua alma. O olhar sereno e humilde do frade não saía de sua mente e transformou-se em seu tormento. Naquele dia, não foi participar da noitada de júbilo, por terem afrontado um mensageiro do Papa. Ao contrário, Peregrino passou sua noite em claro, tomado de imensa tristeza; todas as luzes de sua alma se apagaram, e ele sentia-se sozinho, perdido no meio de um vazio, entre as trevas. Coisa que não fazia há muito tempo, naquela madrugada Peregrino chorou. Quando o dia clareou, ele se dirigiu apressadamente para a igreja, pensando ainda em encontrar frei Filipe, mas ele já estava caminhando estrada afora, indo embora, afinal fora expulso da cidade pelos *gibelinos*. Peregrino pôs-se a correr, até que alcançou o religioso. Ao vê-lo chegando apressado, com o rosto cansado e as pálpebras caídas, o frade notou que nada estava bem com aquele jovem. Seu coração estava inquieto e perturbado. Seu rosto mostrava uma amargura sem-fim. Olhou-o com ternura e esperou que se manifestasse. Peregrino nem parecia o mesmo do dia anterior, todo exaltado e saliente. Era outro. Ao se aproximar do sacerdote, caiu de joelhos a seus pés e, em lágrimas, pediu-lhe perdão pelo feito do dia anterior. Frei Filipe o tocou com as mãos, fez com que se levantasse e abraçou-o, cheio de misericórdia e amor paterno, confirmando seu perdão. Aquela atitude do frade foi como uma seta que transpassou o coração de Peregrino, que, até então, estava acostumado a receber ódio, revide e atitudes vingativas de quem ele agredia com seu grupo de arruaceiros. Mas, dessa vez, foi tudo diferente.

Com o coração leve e cheio de paz, ficou ali por uns momentos usufruindo da presença e dos conselhos do sacerdote. Como foram fecundas as palavras que dele ouviu, junto àquele perdão tão desejado! Aquele foi o momento de seu renascimento, pois, a partir daquele dia, sua vida nunca mais foi a mesma e ela tomou outro rumo. Ao se despedir de frei Filipe e receber dele uma bênção e um abraço, Peregrino matou o homem velho que tinha em si e fez nascer um homem novo para Deus, como nos fala São Paulo em sua epístola.

Ao chegar a casa, seus pais notaram que algo havia acontecido com o filho, mas ninguém ousou perguntar. Seu comportamento, possivelmente, deve ter levado também seus pais à conversão. A verdade é que, a partir daquele dia, Peregrino se afastou do grupo dos arruaceiros *gebelinos* do qual nunca mais quis fazer parte. Passou a dedicar seu tempo à oração, às atividades religiosas e ao estudo da Palavra de Deus. Agora, Peregrino estava do lado da verdade, era um soldado de Cristo, defensor da Igreja e de seus representantes.

CLAMA À VIRGEM UM RUMO PARA SUA VIDA

É uma grande prova de inteligência reconhecer os próprios erros e ter a coragem de mudar a situação, empreendendo um novo paradigma. Viver apegado às coisas do passado, que não são nada edificantes, causa muito mal e deixa a vida estagnada. Peregrino, apesar da vida louca que viveu, até então, com toda a vitalidade e todo o entusiasmo do pulsar de seu coração de jovem, canalizou todas as suas ações para uma vida espiritual repleta de penitências e orações. Algo de novo ainda havia em seu plano de vida, que não o satisfazia plenamente, por isso, em sua orações diárias, pedia insistentemente à Virgem Maria que o ajudasse a se converter. Queria uma conversão definitiva, sem meio-termo, que ela mostrasse a ele qual caminho deveria seguir e qual seria sua missão neste mundo.

A pessoa que se converte não se satisfaz com pouca coisa, não admite apenas migalhas, quer sempre mais.

Quer abraçar o mundo e testemunhar sua fé perante todas as pessoas, quer gritar para o mundo inteiro as maravilhas que Jesus fez em sua vida. Com Peregrino não foi diferente. Por isso, apesar de sua conversão e da vida nova que estava empreendendo, sentia um vazio. Ainda não havia percebido que era sua vocação que estava desabrochando. Deus o estava chamando para uma missão terrena.

Em um de seus momentos de oração, na igreja de Santa Maria da Cruz, diante da imagem de Nossa Senhora, suplicava uma reposta a seus anseios e suas dúvidas quanto ao caminho que deveria seguir dali por diante. Em uma visão mística, Santíssima Virgem Maria lhe apareceu em vestes belíssimas e dirigiu a ele estas santas palavras: "Meu querido filho, quero conduzir cada um de seus passos no caminho da salvação".

Peregrino, diante daquela visão, teve certo medo de ver a Virgem Santíssima, ricamente vestida naquela aparição. Com o coração leve, teve medo de estar sendo enganado pelo inimigo, que poderia seduzi-lo com uma falsa visão. Vendo-o assustado e escrupuloso, a Santíssima Virgem lhe falou: "Não tenha medo, meu filho! Eu sou a mãe daquele que tanto ama e adora na cruz. Ele me enviou para mostrar-lhe o caminho da felicidade na vida eterna". Ao ouvir essas palavras, Peregrino, fortalecido de coragem, respondeu prontamente: "Eis-me aqui, pronto para obedecer a tuas ordens. Acima de qualquer coisa nesta vida, sempre desejei cumprir fielmente tudo o que me ordenares. Ordena, pois, minha mãe e minha Rainha, que procurarei cumprir fielmente tudo o que tu me ordenares". Nossa Senhora, então, perguntou-lhe: "Conhece os religiosos da Ordem dos Servos Maria?" "Sim, já ouvi falar, mas não sei onde moram." Peregrino assim falou porque, até então, não havia um convento de religiosos em Forli. Então, a Santíssima Virgem lhe disse: "Seu nome é Peregrino, e, na verdade, será um peregrino no nome e na vida real. É necessário que se dirija até a cidade de Sena. Procure o convento dos Servos de Maria. Quando lá chegar, estarão eles reunidos em oração, peça com insistência que eles o recebam em sua comunidade".

E, assim, com o consentimento de seus pais, ele partiu, empreendendo a longa caminhada para Sena, em um percurso de mais de duzentos quilômetros entre as montanhas, os bosques, os vales e as planícies. A forma com que fez essa viagem é desconhecida. Por ser rico pode ter ido a cavalo, mas, como já era um convertido e penitente e, como seu próprio nome diz, um "peregrino", é mais provável que tenha ido a pé e deve ter levado de oito a dez dias para vencer essa distância.

Chegando a Sena, foi à procura dos Servos de Maria e quem o recebeu foi o próprio frei Filipe Benício, que já era seu conhecido. Com certeza, deve ter contado a ele a visão que teve e que Nossa Senhora o enviara para Siena em busca das repostas a tantas perguntas que estavam em seu coração.

Foi recebido com muito carinho fraterno. Aquele a quem, no passado, ele hostilizara, seria seu pai espiritual nessa nova empreitada da vida.

EM SENA, ENCONTRA SUA VOCAÇÃO

A procura que fez por frei Filipe tinha uma razão especial, primeiro, porque já o conhecia e, segundo, porque dele esperava orientações e aconselhamentos para seus questionamentos.

Frei Filipe era o superior do convento, membro da "Ordem dos Servos de Maria", também conhecidos por *Servitas*. E foi na convivência conventual com os outros frades que Peregrino descobriu sua vocação para a vida religiosa.

A Santíssima Virgem não quis lhe adiantar nada, apenas sugeriu que fosse para Sena, porque lá ela já o esperava para que se integrasse na vida *servita*.

Peregrino sentiu em si a misericórdia divina por esse chamado e não teve dúvida em tomar posse da graça que Deus lhe dera por meio de sua vocação.

Sena, pelo visto, é uma cidade privilegiada, porque, dois anos após a morte de Peregrino, nasceu Catarina

Benincasa, que ficou conhecida como Santa Catarina de Sena, dominicana, doutora da Igreja e uma das santas extraordinárias, de grandes feitos eclesiais. Em Sena, também viveu o grande franciscano teólogo São Bernardino de Sena, que tem enorme importância na vida da Igreja. Ambos viveram em épocas diferentes, mas palmilharam as mesmas ruas e calçadas de Sena. Peregrino foi o que viveu antes dos outros dois e deixou as marcas de seus feitos no meio do povo senense.

Como os *dominicanos* e os *franciscanos*, os *servitas* fazem parte de um grupo das ordens mendicantes, que trabalham pelo Reino de Deus e, para sobreviverem, são alimentados mediante a caridade do povo.

Nossa Senhora das Dores é a padroeira da Ordem dos Servos de Maria. Da mesma forma que ela se colocou diante de Deus como serva, seus filhos espirituais também se colocam para servirem a Deus e ao próximo. Anunciam o Evangelho como semeadores da Palavra e determinam, com o trabalho e a oração, o carisma e o estilo de vida da Ordem.

Peregrino encontrou-se totalmente em sua vocação, dentro desse novo estilo de vida. Pediu a frei Filipe para ser aceito na comunidade. Foi aceito e passou a cumprir todas as etapas exigidas pela constituição da Ordem em sua formação, até tornar-se um religioso de forma oficial. A Santíssima Virgem queria Peregrino como um religioso servita, queria tê-lo na Ordem, da qual ela é a padroeira. Perto de si seria mais fácil cuidar desse filho.

A FORMAÇÃO

Ao entrar para a Ordem dos Servos de Maria, Peregrino teve um privilégio extraordinário, porque foi acolhido pelo superior da ordem, que, no futuro, seria canonizado como São Filipe Benício. Portanto Peregrino confirmou e celebrou a frase que diz: "Se você convive com um santo, terá enorme chance de se tornar um santo também". Ou poderíamos até dizer a outra frase, não menos conhecida: "Diga-me com quem andas e direi quem tu és". A convivência com pessoas santas, cujo testemunho de vida é visível, com toda a certeza, contamina quem delas se aproxima.

Peregrino foi aceito na comunidade, mas só isso não bastava, precisava ter uma formação e passar pelas etapas por que um candidato à vida religiosa precisa passar: um ano de aspirantado ou pré-noviciado, como se diz em algumas comunidades. Depois disso, vem a investidura do hábito religioso e começa o ano do noviciado. Um ano em que, além da formação religiosa, há estudos sobre tudo o que se refere à ordem ou à congregação, que se está seguindo. Uma formação ministrada por um mestre, ao qual se dá o nome de "Mestre de Noviciado", sendo também uma época para estudar a própria vocação. A vocação religiosa é um mistério específico entre Deus e a pessoa vocacionada. Ninguém pode, não deve nem tem o direito de impor ou sugerir nada a ninguém nessa questão, porque só Deus pode e tem o direito de plantar a vocação sacerdotal ou religiosa no coração de quem Ele escolhe e chama para um ministério. Vocação quer dizer *chamado*, e somente a Deus compete fazê-lo.

Peregrino começou suas etapas de formação e aprendeu que enfim estava fazendo parte de uma congregação religiosa fundada por sete comerciantes da cidade de Florença, na Itália, no ano de 1233. Homens ricos de grandes privilégios e bons conceitos na cidade. E são eles: Alessio Falconieri, Amadeu degli Amidei, Manetto Dell'Antella, Buonfiglio Monaldi, Gherardino Sostegni, Giovanni Buonagiuta e Ricovero dei Ugoccioni. São conhecidos como os sete pais de todos os seguidores da Ordem dos Servos de Maria, também conhecidos por "Servitas". São sete santos canonizados pela Igreja.

O carisma e a espiritualidade da ordem estão centralizados em uma especial devoção à Virgem Maria, invocada como Nossa Senhora das Dores ou da Piedade, rainha e mãe de todos os servitas.

A comunhão fraterna da ordem se define no testemunho do Evangelho de Jesus Cristo, em uma forma de vida simples de trabalho e oração. Vive a pobreza evangélica de Jesus e de Maria, como nos tempos de Nazaré, sempre obedientes à Palavra de Deus.

Quem está preso a algo, acorrentado, não está livre para voar ao infinito, como um pássaro capaz de realizar a própria liberdade. Os três votos, de obediência, pobreza e castidade, são o que liberta o religioso das amarras escravagistas dos instintos, tornando-o livre para amar e servir a Deus, por intermédio dos irmãos. Como tantos personagens bíblicos, que se fizeram servos de Deus, eles sempre servirão de modelo e de fundamento para os irmãos de uma comunidade religiosa.

A comunhão fraterna entre os irmãos de comunidade e com os irmãos carentes e sofredores no mundo secularizado é que faz do *servita* um verdadeiro *servo de Deus*. E dentro de um ideal compatível às necessidades dos tempos, os Servos de Maria são, também, missionários, anunciadores do Evangelho, indo a lugares distantes e difíceis, aonde, muitas vezes, muitos não querem ir.

Peregrino, com a ajuda de seus mestres, teve de ouvir, aprender e reflexionar tudo o que era conscernente à ordem que abraçara por indicação da própria Santíssima Virgem Maria. Só se ama o que se conhece, e Peregrino passou a ter enorme amor e carinho pela ordem que o acolhera com tanta misericórdia. Então, mais do que nunca, Peregrino tinha certeza do chamado que Deus lhe fez e da missão que lhe incumbiu nesta jornada terrena.

VIVENDO SUA MISSÃO EM FORLI

Após alguns anos em Sena, seus superiores decidiram enviar frei Peregrino para realizar uma missão em Forli, sua terra natal. Então ele empreendeu o caminho de volta para cas, onde reviu seus pais, os parentes e amigos. Qual não foi a surpresa de todos ao verem o famoso *Furacão* revestido de um hábito religioso. Ele sofrera uma mudança radical de vida. Muitos reagiram ao verem que aquele rapaz rico e elegante, que usava as roupas mais caras e os calçados mais sofisticados da época, agora era um frade mendicante, andando de sandálias.

Uma outra pessoa, talvez, ficasse preocupada e até constrangida por imaginar o que iriam comentar a seu respeito quando ele passasse pelas ruas de Forli. Mas o jovem furacão tinha dentro de seu coração outro tipo de ação. Tinha um furacão de amor a Jesus Cristo e um fogo ardente dentro do peito para testemunhar sua conversão e sua fé. Queria ser um sinal do amor misericordioso de Deus para com os pecadores que se arrependessem e empreendessem um novo rumo à vida.

Há quem diga que o hábito não faz o monge, mas há também quem diga que ajuda a fazer. Um religioso de hábito é um sinal externo daquilo que está no coração. Quem vê um frade ou uma freira de hábito, dificilmente, não fica tocado com sua presença, por saber que ali está uma pessoa que acredita em Deus, a ponto de fazer certas renúncias para segui-lo. E com certeza a presença de frei Peregrino, caminhando pelas ruas de sua terra natal, tocou o coração de muitos. "Quem te viu e quem te vê" pode ter sido o questionamento de muitos para também se converterem. "Se ele tomou essa decisão e se para ele foi bom, pode ser bom para mim também." É o que muitos devem ter pensado.

Porém frei Peregrino retornou a sua cidade para um trabalho missionário especificamente com os pobres, com aqueles que ninguém queria saber porque se tornaram o resto da sociedade. E foi com eles e para eles que frei Peregrino se pôs a trabalhar em uma entrega total, plena de misericórdia e amor. E foi dessa forma que ele realizou a vontade de Deus entre seus conterrâneos.

A providência divina é perfeita. Onde todos viram o jovem *Furacão* devastando tantas coisas com sua intempestividade, depois o viram restaurado, na pessoa de um *Anjo da Caridade,* construindo o Reino de Deus entre os seus.

O testemunho fala mais alto e muito mais forte do que qualquer discurso longo.

Frei Peregrino não cansava de lamentar seu passado e cobrar de si mesmo as coisas erradas que fez e as boas que deixou de fazer.

PENITENTE

Todo convertido torna-se um desacomodado. Embrenha-se em uma busca constante da perfeição. Frei Peregrino tornou-se um penitente. Às vezes, era até rigoroso demais consigo, chegando ao exagero das mortificações do próprio corpo. A penitência passou a ser uma presença constante em sua vida. Quando estava cansado, em vez de procurar uma cama macia, quentinha e aconchegante, preferia deitar e dormir em um dos bancos da igreja ou, às vezes, até no chão duro. E assim foi sua vida. Quando o sono chegava, o chão duro tornava-se sua cama. Impôs uma dura penitência a si próprio de nunca se sentar, e cumpriu isso fielmente. Por trinta anos, nunca mais sentou em uma cadeira, em um banco ou qualquer lugar que fosse. Ficava sempre em pé.

O sacramento da confissão era para ele uma lei. Confessava sempre, não se permitia ficar guardando pecados.

Uma falha aqui, outra ali e assim se vai acumulando nem se percebe que há uma mochila pesada de pecados nos ombros. Então, não se percebe, mas esse peso do pecado é a causa da falta de paz e opressão. A confissão feita com arrependimento e propósito deixa o coração limpo e leve. Por isso frei Peregrino não deixava de confessar-se constantemente. Já bastava os pecados do passado, agora queria estar sempre em estado de graça diante da presença de Deus. Suas penitências eram sempre acompanhadas por obras de misericórdia em favor do próximo. Sem isso, a penitência fica vazia, porém torna-se rica, quando é partilhada com o próximo.

A oração era uma prática importante em sua vida. Fazendo parte de uma família religiosa, cuja padroeira é a Santíssima Virgem Maria, a devoção à Mãe de Deus é primordial, principalmente na reza diária do Santo Rosário. E quanto ele rezava por dia! A oração tornara-se seu alimento preferido e por meio dela saciava a fome ardente de Deus, a quem sua alma almejava.

Na sagrada Eucaristia, frei Peregrino encontrava forças, disposição para sua missão e todo enlevo espiritual de que precisava. Era seu encontro vivo e real com Jesus Cristo, o Senhor Deus, a quem servia com tanto amor e disponibilidade.

A EUCARISTIA

Ninguém se tornou santo, sem a força vigorosa da Eucaristia, porque é por meio dela que a pessoa se transforma na vida espiritual e progride no caminho da santidade. A presença viva de Cristo na partícula sagrada é o alimento que fortalece todos os cristãos, porque a Eucaristia é a vida da Igreja.

Frei Peregrino tinha total intimidade com Jesus Eucarístico; entre seus atos de amor estava o da contemplação constante, de joelhos, durante horas rezando, meditando e adorando o Senhor Jesus.

As horas que passava em adoração eram tantas, mas ele nem percebia porque se extasiava de alegria, já vivendo o céu na terra, na presença de Deus. Quantas vezes ficou extasiado de alegria por esses momentos de adoração, e sentia que Deus derramava graças copiosas em sua vida.

Prostrar-se perante o sacrário era para frei Peregrino um momento especial, e o fazia com o coração pleno de amor para com o Senhor Jesus. Após esses momentos, saía com o coração feliz e fortalecido de amor, para empreender suas missões, no anúncio das maravilhas e das misericórdias, que Deus faz na vida das pessoas.

Durante as missas, quando comungava, entrava em estado de graça, e todos que viam essa cena notavam que ele sentia uma alegria imensa.

São Peregrino foi um adorador Eucarístico por excelência. Quando pregava, não deixava de falar da maravilha que é comungar, viver essa intimidade com Jesus, que, apesar de nossas incontáveis misérias de pecadores, assim mesmo tem a misericórdia de vir até nós pela sagrada comunhão.

Frei Peregrino exaltava a todos que aos domingos fossem à santa missa, à procura de Jesus na santa comunhão. E falava das inúmeras transformações que a presença viva e real de Jesus pode fazer na vida de cada pessoa, a ponto de fazer dela um santo ou uma santa.

A ORAÇÃO

Frei Peregrino, desde sua conversão, tornou-se um homem de oração porque sabia que, assim como necessitamos de alimentos sólidos para fortalecer o corpo físico, precisamos também da oração como alimento espiritual para revigorar e fortalecer a alma. A oração tem uma força enorme – apesar de se apresentar de forma invisível – de atingir o físico. Por isso que todos aqueles que diariamente dedicam um tempo para se colocar em silêncio, em intimidade com Deus por meio da oração, transformam-se de maneira extraordinária. Quem reza muito se transforma porque a oração pode tudo, inclusive transformar uma pessoa rude, grotesca em um santo pacífico e generoso. Ninguém se tornará santo, se não percorrer o caminho da oração. Quem não reza vive fraco, anêmico, e qualquer turbulência o derruba de forma fatal. Quem muito reza, por maiores que sejam as dificuldades, tem força suficiente para superar tudo e vencer.

Frei Peregrino sabia da importância da oração em sua vida. Foi também pela oração que ele converteu as pessoas. A oração tem força. E ele sabia quantas maravilhas ela já fizera em sua vida. Foi durante um momento intenso de oração que a Santíssima Virgem Maria lhe apareceu e o aconselhou a ir para Sena, porque lá descobriria sua vocação. Mas frei Peregrino foi um afortunado, porque a Mãe de Deus o quis na Ordem dos Servos de Maria, da qual ela é a patrona. E na escola de Nossa Senhora tudo ocorre para grandes coisas. Se ela foi a primeira mestra do Menino Jesus, o quanto não seria para todos aqueles que se colocavam sob sua orientação! Frei Peregrino amava o Rosário de Nossa Senhora, porque ele é o Evangelho vivo; nele, além das orações de súplicas e ação de graças, meditam-se todos os principais mistérios da vida de Nosso Senhor Jesus Cristo, desde o anúncio de seu nascimento, sua infância, sua vida pública até sua paixão e ressurreição. Os Servos de Maria amam a oração diária do santo Rosário, e frei Peregrino rezava vários durante seu dia e parte da noite. Era um penitente orante. O Rosário de Nossa Senhora é considerado a maior espiritualidade da Igreja depois da Santa Missa, pelo fato de conter todos os pontos principais da vida de Jesus, por isso é uma oração bíblica, uma oração evangélica.

E foi tecendo as contas de seu Rosário que frei Peregrino subiu os mais altos degraus da santidade, sob a bênção maternal da Virgem Maria.

Frei Peregrino foi um grande contemplativo. Quantas noites, enquanto todos estavam dormindo tranquilamente em seus leitos, estava ele de joelhos, no piso gélido da capela do convento, adorando e reverenciando o Cristo Eucarístico, em longas horas de oração, e, ao mesmo tempo, fazendo companhia ao Rei do Universo, presente no sagrado tabernáculo. Foi um místico por excelência.

Se frei Peregrino foi um penitente convicto, um adorador eucarístico por excelência, foi também um orante por amor; amor a Deus, a Nossa Senhora e aos irmãos pobres e infelizes, aos quais ele dava toda a sua atenção e todo o seu acolhimento misericordioso.

AMOR À PALAVRA DE DEUS

E foi assim que o profeta se expressou: "Quando encontrei tuas palavras, alimentei-me, e elas se transformaram para mim em uma delícia e a alegria do coração" (cf. Jr 15,16). Se para o profeta Jeremias ter encontrado doçura na Palavra de Deus o fez feliz e realizado, para São Peregrino não foi diferente. Como ele amava as Sagradas Escrituras! E nessa sagrada fonte bebia todos os ensinamentos para sua vida, sua edificação e santificação. A Palavra de Deus é uma fonte inesgotável, em que podemos encontrar respostas para todas as dúvidas e todos os questionamentos que temos dentro do coração e saciar toda a sede de Deus, que vive dentro de nós.

São Peregrino não perdia nenhuma oportunidade de ler, meditar os textos sagrados e ouvir eloquentes pregadores fazerem sermões profundos, repletos de unção sobre as Santas Escrituras.

No silêncio de longas madrugadas, enquanto rezava em sua cela ou na capela do convento, São Peregrino intercalava suas orações com longos momentos de contemplação sobre a Palavra de Deus.

Como pode alguém distribuir alimentos pelo caminho se sua mochila ou seu embornal estão vazios? Como poderá distribuir o que não tem? Como pode uma pessoa querer falar de Deus se não o conhece direito, se tem uma informação vaga, frágil e quase abstrata sobre a fé? Então há um risco de essa pessoa equivocar-se e cometer heresias, ensinando tudo errado. São Peregrino, como membro de uma ordem religiosa que prima pelo estudo da Palavra de Deus, era um estudioso, meditava e encarnava em si as Sagradas Escrituras e as vivia em seu dia a dia por meio de seu testemunho de vida. Então, quando era perguntado por um tema ou uma passagem bíblica, São Peregrino tinha sempre a resposta certa para orientar e edificar o outro na fé e na convicção das coisas de Deus. Não teria sido o grande santo que se tornou, se não tivesse se alimentado na oração e se orientado em sua caminhada terrena por meio da Palavra de Deus.

NA ESCOLA DA VIRGEM MARIA

Desde o momento em que Jesus na cruz fez a entrega universal de Maria como a nova Eva, para ser definitivamente a nova "Mãe da Humanidade", por intermédio de São João Apóstolo, Nossa Senhora assumiu isso com muita dedicação, muito amor e muita reponsabilidade. Cuida de cada filho com o mesmo apreço. Para ela, todos são iguais. Mas há um olhar especial para aqueles que clamam sua atenção, pedem sua ajuda e seus conselhos de mãe.

Frei Peregrino teve, durante toda a sua vida, uma devoção especial a Nossa Senhora, afinal foi ela, como mãe amorosa, que cuidou dele desde o início de sua conversão e o ajudou no discernimento de sua vocação. Ele sempre lembrou-se de que, sentindo-se confuso após a conversão, tomado de um imenso desejo de mudança de vida, foi a ela que recorreu como filho aflito, perdido dentro de si mesmo, precisando do carinho, da orientação e das palavras certas e alentadoras de mãe. E ela o acolheu como filho.

Quem estuda na escola de Maria, tendo-a como mestra, vai evoluir muito na vida espiritual e no caminho da santidade. Todos os grandes santos da Igreja foram seus alunos. Tiveram Maria Santíssima por mãe e mestra e, sob seus conselhos e suas orientações, não erraram nas decisões que tomaram. Membro de uma ordem religiosa mariana, São Peregrino tinha imensa devoção pelas sete dores de Nossa Senhora, reafirmava sempre sua devoção ao Rosário e dele foi grande propagador. Cada Ave-Maria é como uma rosa que se oferece a Nossa Senhora. E o Rosário chegou ao coração da Igreja de uma forma extraordinária. São Domingos de Gusmão, como "Emissário da Virgem Maria", foi incumbido dessa missão. Foi em um momento difícil pelo qual a Igreja passava, enfrentando heresias, esfriamento e tibieza na fé, que Nossa Senhora apareceu a São Domingos de Gusmão, no bosque de Bucone no sul da França, enquanto ele rezava. Ela entregou a ele o Rosário como arma poderosa para vencer todas as insídias do mal e também como instrumento de conversão. E foi assim que milhares de pessoas foram convertidas, graças à oração diária do Rosário. O Padre Henrique Domingos Lacordaire, sacerdote da Ordem dos Pregadores (dominicanos), disse e afirmou que, depois da Santa Missa, o Rosário é a maior espiritualidade da Igreja, porque medita os mistérios da vida de Jesus Cristo, seguido de orações do

Pai-Nosso e das Ave-Marias, que são orações evangélicas e intercessoras.

São Peregrino pautou sua vida na trilha da oração. Uma vida sem oração, sem esse diálogo com Deus torna-se vazia e insípida. São Peregrino podia até passar seu dia sem se alimentar, pois muito jejuava, mas jamais passou um só dia sem orar.

Quem reza torna-se forte. Quem tem um projeto diário de oração é uma pessoa muito mais feliz e segura de si, porque a oração é assim, não muda ninguém, porque a pessoa que reza o Rosário diariamente por si só se transforma.

São Peregrino foi um orante perfeito, um missionário despojado e devoto fervoroso da Santíssima Virgem Maria. Nas contas de seu Rosário e na fidelidade diária de orar, São Peregrino tornou-se santo. Esse é um legado que ele nos deixou, orientando-nos que precisamos orar, sendo fiéis e determinados em nossas orações diárias.

A DOENÇA E A CURA MILAGROSA

Já contando sessenta anos de idade e com tantos anos de trabalho missionário, com uma vida repleta de penitências e sacrifícios, Frei Peregrino foi acometido de uma enfermidade grave, que muito o fazia sofrer. Em sua perna direita, apareceu uma chaga maligna de aspecto desagradável. E, por mais que usasse remédios para se restabelecer, de nada resolvia, e a ferida ficava mais feia, comprometendo sua forma de caminhar. Vários médicos foram consultados, e todos tinham o mesmo diagnóstico: aquela ferida era um câncer. Como não acontecia a cura, apesar do tratamento e uso de vários medicamentos, não havia outra solução, os médicos decidiram amputar sua perna, para que o mal não progredisse e afetasse o corpo todo.

Que choque inesperado receber tal notícia, mas a medicina sabe o que faz. Era mais uma grande prova pela qual frei Peregrino haveria de passar. As dores eram intensas e insuportáveis, e a ferida aberta exalava um mau cheiro, que não havia outra solução além da amputação. Ficou certo que isso deveria ser feito o mais rápido possível, já que não havia outra solução .

Na noite que antecedia a cirurgia, já com muita dificuldade para caminhar, frei Peregrino, tomado de tanta dor, foi se arrastando com muita dificuldade até a sala onde os frades faziam suas orações. Na parede da sala, havia uma pintura de Jesus crucificado. Frei Peregrino prostrou-se diante do quadro, bem aos pés da cruz, e clamou a Jesus pela cura daquele câncer, em sua perna. Ficou ali e começou a orar: *"Ó redentor do gênero humano, quando estavas neste mundo curaste pessoas de toda sorte de doenças. Purificaste o leproso, devolveste a vista ao cego. Digna-te, pois, Senhor meu Deus, a livrar a minha perna deste mal incurável. Se não o fizeres, será preciso amputá-la".* De repente, foi tomado pelo sono e, então, frei Peregrino viveu uma extraordinária experiência mística. Foi envolvido em um êxtase profundo e, nesse momento, viu Jesus sair da cruz, descer do quadro e tocar com as mãos sua perna doente. O êxtase continuou e, só no dia seguinte, quando acordou, viu que estava curado, não havia sequer uma cicatriz no lugar daquela chaga horrenda. Maravilhado, contou o ocorrido a seus confrades e pediu que trouxessem o médico para ver o que tinha acontecido. O médico ficou perplexo e, apesar do cetismo, teve de admitir que havia acontecido um milagre.

Por causa desse fato é que São Peregrino passou a ser venerado e invocado como protetor dos doentes com câncer. E são muitas as curas obtidas por meio de sua poderosa intercessão.

Depois dessa cura, São Peregrino ainda viveu alguns anos dedicando-se a uma vida intensa de missões, prática da caridade, profunda oração, pregações e ajuda aos enfermos.

O TRÂNSITO E OS MILAGRES

Após tantos anos de missões, catequese e pregações, Frei Peregrino, em sua longa caminhada, sentiu seu corpo cansado, por longas e duras penitências, realizadas durante quase oito anos. Estava com oitenta e cinco anos de idade. Uma febre desconhecida tomou conta de seu corpo, e ele não resistiu, vindo a falecer no dia primeiro de maio de 1345, na mesma cidade de Forli, sua terra natal.

Querido por todos, a notícia de seu falecimento causou grande comoção no povo da cidade, que se pôs a caminho da igreja para dar seu último adeus àquele que, como um anjo, atendia a todos com palavras fraternas de carinho e acolhimento.

E, durante seu velório, quis Deus mostrar o grau de santidade de seu servo por meio de fatos extraordinários que aconteceram.

Um mulher que sofria muito em decorrência de uma possessão diabólica foi levada à igreja, durante o velório de frei Peregrino. Bastou que a encostassem no corpo inerte do santo para que o demônio, em gritos, saísse de seu corpo, deixando-a em paz para sempre.

Outro fato, não menos marcante, foi o de um jovem que, tendo caído de uma árvore, ficou em estado deplorável e desolador com as vísceras expostas. Ao invocarem o nome de frei Peregrino sobre o rapaz, ele recobrou os sentidos e, milagrosamente, foi curado na hora.

Este é um dos mais extraordinários fatos ocorridos durante o velório do santo que testemunharam, por isso não existe nenhuma possibilidade de ser uma fantasia ou invenção. Havia um cego na cidade e o levaram até a igreja para que tocasse o corpo de frei Peregrino. Quando o homem cego se aproximou do esquife, o santo levantou-se e sentou. Fez o sinal da cruz no rosto do cego, e este voltou a exergar na mesma hora. Após isso, o santo deitou-se novamente em seu esquife, onde permaneceu inerte até o sepultamento.

As pessoas, sabendo de seu falecimento e dos fatos miraculosos que haviam acontecido, vinham rapidamente de todos os lugares da região de Forli para peregrinarem até a igreja, onde o corpo de frei Peregrino estava exposto para lhe dar a derradeira despedida. Outros fatos miraculosos foram acontecendo diante de seu corpo. A quantidade de pessoas era grande, de forma que os padres não conseguiam sepultá-lo. Com aquele fluxo de gente, observou-se que seu corpo não se deteriorava nem exalava mal odor, mesmo depois de vários dias exposto à veneração.

A partir disso, muitos outros milagres começaram a acontecer por meio da poderosa intercessão de São Peregrino. Seu túmulo passou a ser local de peregrinações, onde pessoas de todas as partes da Itália e de outros países vinham lhe pedir a cura do câncer. E inúmeras e extraordinárias curas foram registradas. Anos mais tarde, ao exumarem seu corpo, viram que se mantinha ainda muito bem conservado e o transladaram para a igreja. São passados quase setecentos anos, e o corpo de São Pereregrino Laziosi, sem nunca ter sido embalsamado, mantém-se com vários elementos do corpo humano, como músculos, cabelos, unhas e pele incorruptos, em uma urna de vidro na catedral erigida em sua honra, em sua terra natal, Forli, na Itália.

CANONIZAÇÃO E GLÓRIA

A fama de santidade de frei Peregrino espalhou-se por todos os cantos da Itália e da Europa. Eram muitos os testemunhos de milagres e curas ocorridos por sua intercessão, principalmente a cura do câncer. Forli se tornou um centro de devoção ao frade, membro da Ordem dos Servos de Maria.

Deus se manifestava por intermédio de seu humilde servo e já não havia mais dúvida quanto sua poderosa intercessão diante do trono de Deus. A Igreja, como instituição divina, é cautelosa para reconhecer os méritos e as virtudes de um candidato ao altar, mas reconheceu a santidade de frei Pereregrino, por meio do pedido da autoridade eclesiástica de sua diocese; por isso foi aberto o processo e foram recolhidos todos os testemunhos de graças e milagres, atribuídos a frei Peregrino, o santo de Forli.

No ano de 1726, papa Bento XIII canonizou-o. A Igreja passou a celebrar sua festa no dia 4 de maio de cada ano e também decidiu homenageá-lo, colocando Forli, sua terra natal, sob sua proteção. Desde 1942, São Peregrino é o padroeiro de Forli.

Mediante o fato miraculoso ocorrido em sua vida, quando Jesus curou sua perna de um câncer, e os inúmeros milagres de cura do câncer, obtidos pela poderosa intercessão de São Peregrino, ele é reconhecido oficialmente como o santo intercessor e protetor contra essa enfermidade.

O quanto o povo de Deus já reconhecia São Peregrino como um santo católico de poderosa intercessão diante de Deus a Igreja apenas confirmou.

Em várias partes do mundo, foram erguidas igrejas em sua homenagem, e sua fama de poderoso intercessor continua a correr o mundo. No Brasil, existem igrejas em sua honra e cresce, dia a dia, sua devoção entre o povo católico.

A POPULARIDADE DE SÃO PEREGRINO

Se ainda em vida São Peregrino já era famoso e procurado por todos, por sua fama de milagreiro, isso não cessou com seu falecimento. Muito pelo contrário, independentemente de todo o processo da canonização de um santo ou uma santa, que é exigido pela Igreja, São Peregrino, de certa forma, já havia sido declarado santo pelo povo.

Para muitos, mais do que nunca, havia uma certeza de que São Peregrino estava no céu junto de Deus e de que, se em vida atendia a todos que o procuravam, agora, mais do que nunca, sua atenção estava voltada para seus devotos. Ele, como advogado de todos, encontra-se constantemente diante de Deus Pai, para atender seus incessantes rogos.

Deus quis mostrar o grau de fidelidade de São Peregrino como um servo fiel, que nada mais fez na terra do que a vontade do Altíssimo. Permitiu que seu corpo permanecesse intacto até os dias de hoje. Então, naquele tempo, o povo viu nisso um grande sinal de Deus. Nem sempre o corpo de uma pessoa precisa estar preservado para que ela tenha nisso um atestado de santidade. O que conta é o testemunho de vida e as obras de misericórdia que realizou enquanto estava caminhando sobre a terra, assim como seus feitos e milagres. No entanto, Deus, como Senhor de tudo e de todos, pode fazer uso de algumas provas de sua existência e de quanto foram aceitas a vida e a entrega de certas pessoas. E São Peregrino está entre essas pessoas.

A santidade, adquirida por meio de longas e duras penitências, feitas durante sua existência, fez com que seu corpo todo ficasse contaminado pela santidade. Seu corpo incorrupto, de certa forma, quer mostrar isso.

Se tantos santos têm um túmulo para ser visitado e venerado, o povo de Forli tinha um privilégio a mais. Tinha o corpo intacto de seu filho mais ilustre e famoso. Se antes Forli foi uma cidade hostil a tudo o que se referia à Igreja e à fé, a ponto de repelir todos os sacerdotes que lá chegavam para pregar a Palavra de Deus, agora, tornara-se um centro de peregrinação, onde, por intermédio de São Peregrino, as pessoas, até os dias de hoje, encontram-se com Deus. O mesmo jovem, que ficou conhecido pelo famoso apelido de "Furacão", agora trazia as pessoas para a Igreja, para uma vida de oração, misericórdia e renovação. Orando em volta de seu corpo, venerando suas relíquias, buscando uma cura, todos saíam com o coração alegre e confortado.

São passados quase setecentos anos, e pessoas do mundo inteiro empreendem peregrinações para a catedral de Forli, para pedir ou agradecer uma graça recebida pela intercessão de São Peregrino. Seus devotos estão espalhados pelos quatro cantos do mundo e são assíduos na oração e na vivência de cristãos fiéis à santa mãe Igreja. A popularidade de São Peregrino continua em alta, crescendo a cada dia e aumentando sempre mais o número de seus devotos. São Peregrino, tal como uma seta através dos séculos, continua mostrando o caminho do céu. Sempre pronto para ajudar todos que o procuram.

SÃO PEREGRINO NO BRASIL

A devoção a São Peregrino no Brasil é muito antiga, talvez, seja até difícil de se ter uma precisão histórica. Os portugueses trouxeram muitas devoções católicas para nós, também os imigrantes italianos, durante as imigrações para os cafezais dos Estados de São Paulo, Espírito Santo, Santa Catarina e Rio Grande do Sul, contribuíram muito para a divulgação e para a expansão da devoção de muitos santos.

São Peregrino, hoje, mais do que nunca, é invocado contra a enfermidade do câncer. E sua devoção cresce a cada dia por meio de novenas, orações e bênçãos feitas por sacerdotes em programas de rádio e televisão e, principalmente, pelos frades da Ordem dos Servos de Maria, da qual São Peregrino fez parte.

Suas imagens são veneradas, medalhas são usadas com muita piedade e devoção por seus devotos.

No Estado de São Catarina, na cidade de Celso Ramos, há um santuário em sua honra. Junto ao santuário, há uma pequena gruta de pedra, lembrando o lado contemplativo e ascético de São Peregrino. Há muitas capelas e paróquias, espalhadas pelo solo brasileiro, a ele dedicadas. Não é difícil encontrar suas imagenzinhas, até nas casas mais distantes dos rincões brasileiros. São Peregrino tornou-se o porto seguro de muitos, o advogado e intercessor contra a terrível moléstia do câncer e outras doenças que causam flagelo ao corpo humano.

Não se pode confudir São Peregino Laziosi, nosso biografado, com outro santo, que é São Peregrino dos Alpes, filho de reis da Escócia.

É possível que o maior centro devocional a São Peregrino Laziosi no Brasil esteja na cidade de Rio Branco, no bairro Floresta, na capital do Estado do Acre. Ali está o convento dos religiosos da Ordem dos Servos de Maria (Servitas), confrades de São Peregrino. E a origem dessa devoção começou em 1935, com a construção de uma capelinha, em honra do santo. Mais tarde, uma devota de origem portuguesa doou o terreno para que fosse feita uma capela maior e mais acolhedora para os devotos. Como essas obras acontecem com a generosidade do povo, demorou um pouco. Iniciada em 1958, foi concluída somente em 1967. Hoje, é uma belíssima igreja; e o local é conhecido pelo nome de São Peregrino.

Santuário é um lugar santo, onde Deus derrama sua misericórdia. Por isso é que toda igreja, independentemente do título de santuário conferido por um bispo, é um local sagrado, onde acontece o grande milagre da transubstanciação da Eucaristia. São Peregrino, por meio de suas imagens, veneradas em paróquias a ele dedicadas, continua a atender, ouvir e interceder por seus devotos. Quer curar as feridas físicas e espirituais. E, assim como ele empreendeu o caminho da santidade, almeja que todos os seus devotos caminhem com ele no caminho da perfeição cristã.

Forli, terra natal de São Peregrino Laziosi

Basílica de São Peregrino em Forli, na Itália

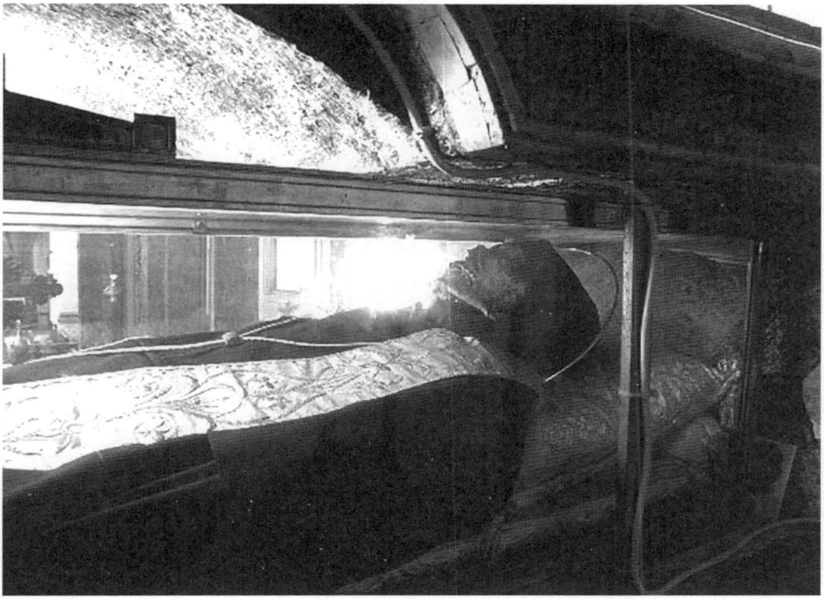

Corpo incorrupto de São Peregrino Laziosi

Cura milagrosa de São Peregrino

Paróquia de São Peregrino, em Rio Branco, no estado do Acre

Interior da gruta de São Peregrino, em Celso Ramos, SC

Gruta de São Peregrino, na cidade de Celso Ramos, SC

II
Devocionário

VINTENA DE SÃO PEREGRINO

A Vintena de São Peregrino começa no dia 15 de abril e termina no dia 4 de maio, que é o dia da festa do santo. Faz-se um altarzinho, com uma imagem de São Peregrino, e, na hora da oração, acende-se uma vela. Reza-se a Ladainha de São Peregrino. Há quem goste de agregar à ladainha também o Terço de São Peregrino, uma das orações dedicadas ao santo. Esta vintena também pode ser rezada em qualquer época do ano, de acordo com o desejo do devoto.

ORAÇÃO A SER FEITA PARA UM ENFERMO

Oh! São Peregrino, a quem chamamos "Fazedor de maravilhas", pelos inúmeros milagres que obtendes de Deus para todos os que recorrem a vós. Vós que, por muitos anos, padecestes uma cancerosa enfermidade, que corroeu vossos tecidos, que tivestes alívio quando todos os recursos humanos perderam as esperanças, que fostes favorecido, vindo Jesus sarar vossa enfermidade, pedi a Deus e a Santíssima Virgem a cura para esta pessoa a quem agora vos encomendo *(diga o nome da pessoa enferma)*. Aos cuidados de vossa poderosa intercessão, nós vos pedimos que nos ajudeis a alcançar a bondade e a misericórdia de nosso Senhor Jesus Cristo, Amém.

Rezar 1 Pai-nosso, 1 Ave-Maria e 1 Glória ao Pai

ORAÇÃO A SER FEITA PELO PRÓPRIO ENFERMO

São Peregrino, humilde servidor de Deus, vinde em minha ajuda, sustentai-me em minha debilidade. A enfermidade invade meu corpo e faz a vida incerta; a tristeza envolve meu coração e me desespera. Por vossas súplicas, alcançai-me uma fé viva e uma esperança firme, a fim de que a mão de Deus se estenda sobre mim, livre-me de todo o mal, sare meu corpo e que se cumpra sua vontade sobre mim. Que em sua ternura eu seja fortalecido em minhas angústias, para que eu possa viver e ser testemunho de sua presença em minha vida.

Rezar 1 Pai-nosso, 1 Ave-Maria e 1 Glória ao Pai.

TERÇO MILAGROSO DE SÃO PEREGRINO

O Terço leva-nos ao encontro com Deus por meio da intercessão de São Peregrino. Reza-se usando o terço normal. Se possível, tenha uma imagem de São Peregrino, uma vela acesa, símbolo da fé, e um momento de paz para a oração.

Orações iniciais

Creio

Pai-nosso

Três Ave-Marias

Glória ao Pai

1º Mistério

No primeiro Mistério, contemplamos o nascimento de São Peregrino em Forli, com sua personalidade forte, seu temperamento e caráter que, mais tarde, se transformaram em santidade.

Em todas as contas grandes, reza-se:

São Peregrino confiou e entregou-se. Eu também confiarei e me entregarei.

Em todas as dezenas (dez contas pequenas), reza-se:

São Peregrino, intercedei por minhas enfermidades corporais e espirituais.

Glória.

2º Mistério

No segundo Mistério, contemplamos a conversão de São Peregrino: depois de ter agredido um frade da Ordem dos Servos de Maria, arrependeu-se, pediu perdão, foi perdoado e ingressou na mesma ordem religiosa.

3º Mistério

No terceiro Mistério contemplamos as penitências de São Peregrino e seu esforço para buscar as coisas do alto e deixar as coisas da carne.

4º Mistério

No quarto Mistério contemplamos a doença do câncer na perna e a cura milagrosa de São Peregrino.

5º Mistério

No quinto Mistério contemplamos a morte, a canonização e a intercessão de São Peregrino pelos que sofrem de câncer.

Oração a São Peregrino pelos que sofrem de câncer

Faça essa poderosa oração contra o câncer e peça bênçãos para seus entes queridos que sofrem com essa doença.

"Oh! Glorioso, São Peregrino, vós que nos destes um admirável exemplo de penitência e paciência e alcançastes de Jesus Cristo crucificado a milagrosa cura de uma chaga maligna, humildemente vos suplicamos: intercedei junto a Deus Pai, de Infinita bondade e misericórdia, pelos que sofrem do mal do câncer, para que obtenham a paz de espírito, o alívio das dores e a cura da doença. Por Cristo nosso Senhor. Amém.

(Rezar 1 Pai-nosso, Ave-Maria e Glória ao Pai).

Oração a São Peregrino por você

Reze com fé esta oração pedindo a intercessão de São Peregrino por você. Entregue a ele suas intenções com confiança.

"Glorioso Santo, que, obedecendo à voz da graça, renunciastes, generosamente, às vaidades do mundo para dedicar-vos ao serviço de Deus, de Maria Santíssima e da salvação das almas, fazei que nós também, desprezando os falsos prazeres da terra, imitemos vosso espírito de penitência e mortificação. São Peregrino, afastai de nós a terrível enfermidade, preservai-nos a todos nós deste mal, com vossa valiosa proteção. São Peregrino, livrai-nos do câncer do corpo e ajudai-nos a vencer o pecado, que é o câncer de alma. São Peregrino, socorrei-nos, pelos méritos de Jesus Cristo, Senhor Nosso. São Peregrino, rogai por nós. Amém."

LADAINHA DE SÃO PEREGRINO

Senhor, tende piedade de nós *(todos repetem)*.
Cristo, tende piedade de nós.
Senhor, tende piedade de nós.
Cristo, ouvi-nos.
Cristo, atendei-nos.
Deus, Pai do Céu, tende piedade de nós!
Deus Filho, Redentor do Mundo,
Espírito Santo Paráclito,
Santíssima Trindade, que sois um só Deus,
Nossa Senhora das Dores, rogai por nós.
Nossa Senhora, saúde dos enfermos, rogai por nós.
Nossa Senhora, auxílio dos cristãos, rogai por nós.
São Peregrino, convertido da violência, rogai por nós.
São Peregrino, manso e humilde de coração,
São Peregrino, discípulo do Senhor,
São Peregrino, consolo do aflitos,

São Peregrino, conforto dos doentes,
São Peregrino, fortaleza dos fracos,
São Peregrino, protetor contra o mal do câncer,
São Peregrino, esperança dos que sofrem,
São Peregrino, exemplo de oração confiante,
Curado pelas mãos despreendidas de Jesus Crucificado,
vós, que convertestes os pecadores
de corações endurecidos,
vós, que colocastes toda a vossa confiança na oração,
vós, que fostes austero na penitência,
paciente nos sofrimentos,
o mais bondoso dos aflitos,
grande devoto da paixão de Cristo e das dores de Maria,
vítima com Jesus e Maria pela salvação das almas,
intercessor de milagres para os enfermos,
patrono universal dos que sofrem pela doença do câncer,
glória da Ordem dos Servos de Maria,
advogado infalível diante do trono de Deus.
Cordeiro de Deus, que tirais o pecado do mundo,
perdoai-nos, Senhor.
Cordeiro de Deus, que tirais o pecado do mundo,
ouvi-nos, Senhor.
Cordeiro de Deus, que tirais o pecado do mundo,
tende piedade de nós.

LEMBRAI-VOS DE SÃO PEREGRINO

Nossa Senhora diz a São Peregrino:
"Não tenhas medo, filho.
Eu sou a mãe daquele que tu adoras na cruz e por ele fui enviada para mostrar-te o caminho da felicidade eterna".

A essas palavras Peregrino respondeu:
"Eis-me aqui.
Estou pronto para obedecer a tuas ordens.
Acima de qualquer coisa, sempre desejei executar fielmente o que ordenares.
Ordena, pois, ó Rainha.
De minha parte, cumprirei de boa vontade tua vontade".

Lembrai-vos, ó glorioso São Peregrino, de todos os vossos fiéis devotos e de todos aqueles que a vós recorrem em um pedido incessante de ajuda contra as enfermidades. Vós, que tivestes o especial privilégio de, em uma aparição, ser orientado pela Santíssima Virgem Maria, no seguimento de vossa vocação, alcançai-me da Bem-aventurada Mãe de meu Redentor a graça de que tanto necessito; do fundo de meu coração imploro vossa poderosa intercessão. Apesar de minhas tantas falhas e meus inúmeros pecados, não desprezeis nem ignoreis meu insistente pedido, neste momento de ansiedade e desolação, em que me encontro. Não consta entre vossos fiéis devotos nenhum que diga que tenha tido um pedido por vós negado. Todos confirmam vossa intercessão misericordiosa, diante do trono de Deus, e a graça recebida. Vós, que fostes um servo fiel de Jesus Cristo e ardoroso devoto de Nossa Senhora das Dores, alcançai-me o favor que insistentemente vos peço. Assim seja.

DOZENA DE SÃO PEREGRINO

1. Glorioso, São Peregrino, que, mediante o arrependimento, tiveste a humildade de ir atrás de quem te ofendeu e lhe pediste perdão, ajuda-me a ser humilde e caridoso diante daqueles que injustamente me ofendem.

Pai-nosso, Ave-Maria, Glória ao Pai.

2. Corajoso, São Peregrino, que tiveste a coragem de mudar radicalmente tua vida, abandonando as ideologias anticlericais para dedicar-te inteiramente à causa de Cristo e de sua Igreja, fortalece minhas convicções e ajuda-me a amar minha Igreja, dando testemunho de vida e de santidade.

Pai-nosso, Ave-Maria, Glória ao Pai.

3. Amável, São Peregrino, decidiste sublimemente testemunhar ao povo de tua cidade, principalmente àqueles com os quais convivias, que o caminho que antes seguias era errado, era o caminho da perdição e do pecado. Mostraste com teu novo comportamento que, dali em diante, serias o "Furacão de Deus", para inflamar os corações no amor vivo e latente por Deus.

Pai-nosso, Ave-Maria, Glória ao Pai.

4. Piedoso, São Peregrino, tu procuraste nos braços da Santíssima Virgem Maria as respostas para tuas perguntas. Ela, como mãe terna e amorosa, plantou em teu coração a semente de tua vocação e orientou que fosses à cidade de Sena, pois lá irias encontrar as respostas para tuas indagações; como filho obediente, tu seguiste seus conselhos.

Pai-nosso, Ave-Maria, Glória ao Pai.

5. Fervoroso, São Peregrino, tu te colocaste a caminho e percorreste uma distância de mais de duzentos quilômetros a pé, até chegar a Sena, para onde Nossa Senhora te recomendou que fosses. Em Sena, encontraste o padre Filipe Benício, que o recebeu na Ordem dos Servos de Maria, início de tua caminhada vocacional.

Pai-nosso, Ave-Maria, Glória ao Pai.

6. Obediente, São Peregrino, em Sena te entregaste à oração, ao estudo e à formação para que te tornasses um verdadeiro religioso servita, cuja espiritualidade se fundamenta na paixão de Nosso Senhor Jesus Cristo e na devoção às sete dores de Nossa Senhora. Essa experiência ajudou-te a conhecer ainda mais o amor misericordioso de Jesus pelos pobres e pecadores.

Pai-nosso, Ave-Maria, Glória ao Pai.

7. Fervoroso, São Peregrino, foste enviado de volta a Forli, tua terra natal, onde deste testemunho de tua conversão e de tua opção pela vocação religiosa de um frade em uma ordem mendicante. Do rico e abastado que foste, abraçaste a pobreza evangélica de Jesus Cristo, tornando-te igual aos pobres e excluídos de tua cidade. São Peregrino, ajuda-me a ter um coração de pobre, a não me apegar às riquezas efêmeras, das quais não se leva nada deste mundo. Faz-me centralizar meu amor no Cristo pobre e despojado, colocando-me a serviço dos pobres de Deus.

Pai-nosso, Ave-Maria, Glória ao Pai.

8. Zeloso, São Peregrino, tu fizeste do Evangelho a diretriz de tua vida e caminhaste desacomodadamente pregando a Palavra de Deus. Desta forma, anunciando o Reino de Deus, converteste muitos pecadores e trouxeste muitas ovelhas perdidas e desgarradas para o divino redil. Ajuda-me, São Peregrino, a ser fiel à Palavra de Deus e a caminhar, de forma coerente e fiel, nos ensinamentos evangélicos.

Pai-nosso, Ave-Maria, Glória ao Pai.

9. Intercessor incansável, São Peregrino, que foste agraciado por Deus ao receber uma cura extraordinária do câncer, pelo toque das mãos do próprio Jesus Cristo, intercede por nós pecadores para nos livrar de todas as enfermidades, físicas, espirituais, morais e sociais de nosso corpo. Livra-nos dos males humanos, das pessoas de má índole, da corrupção e de tudo o que desagrada a Deus. Ajuda-nos a nos curarmos de todos os males que denigrem a nós mesmos e ao próximo. Ajuda-nos a sermos santos como tu mesmo te tornaste.

Pai-nosso, Ave-Maria, Glória ao Pai.

10. Penitente, São Peregrino, tu fizeste a promessa de nunca mais sentar-te em uma cadeira ou banco. Vivemos cercados de todo tipo de conforto, esquecendo que a penitência feita e oferecida a Deus com amor nos ajuda em nosso enlevo espiritual. Quantas vezes nos fartamos e desperdiçamos aquilo que o outro nada tem. Ajuda-nos a sermos penitentes e, sobretudo, solidários com os mais necessitados.

Pai-nosso, Ave-Maria, Glória ao Pai.

11. Orante, São Peregrino, tu amaste a oração e dela te alimentavas como um alimento santo e miraculoso. Precisamos da oração tanto quanto dos alimentos materiais. Em teu imenso amor pela Rainha do Céu, amaste a oração do Rosário e foste fiel a ele na oração diária. Ajuda-nos a sermos perseverantes e fervorosos na oração diária do Santo Rosário de Nossa Senhora. Não permitas que o desânimo e o cansaço nos impeçam de sermos fiéis e ardorosos devotos do Rosário de Maria Santíssima.

Pai-nosso, Ave-Maria, Glória ao Pai.

12. Milagroso, São Peregrino, durante o momento em que teu corpo era velado, uma pessoa chegou de longe para venerar-te e pedir-te uma graça de cura. Pela permissão de Deus, recobraste a vida e, sentado em teu ataúde, tocaste aquela pessoa e a curaste do mal que a fazia tanto sofrer. São Peregrino, sê nosso perene e fiel intercessor diante do trono de Deus. Acolhe com carinho todos os teus devotos, que a ti recorrem na busca de uma cura, principalmente do câncer. Que todos sejam acolhidos por ti e que, por meio da cura, glorifiquem a Deus pelo bem recebido por intermédio de tua intercessão.

Pai-nosso, Ave-Maria, Glória ao Pai.

NOVENA DE SÃO PEREGRINO

Introdução para todos os dias:

– São Peregrino, protetor contra o mal do câncer,
– rogai por nós.
– São Peregrino, esperança de todos os que sofrem,
– rogai por nós.
– São Peregrino, testemunha de fé e oração,
– rogai por nós.

Ó Redentor do gênero humano, para apagar nossos pecados, aceitaste ser submetido ao suplício da cruz e a uma morte atroz. Quando estavas neste mundo, no meio dos homens, curaste muitas pessoas de toda sorte e doença. Purificaste o leproso, devolveste a vista ao cego, que suplicava: Jesus, filho de Davi, tem piedade de mim! Digna-te, pois, Senhor meu Deus, livrar o(a) *(diga o nome da parte de seu corpo que é mais frágil ou acometida da doença)* deste mal incurável.

(Repita sua intenção e o nome da pessoa para a qual pede a graça.)

Ó Deus, vosso servo peregrino, a quem provastes com uma chaga maligna, passou a noite em oração diante de vosso filho crucificado e amanheceu curado. Por sua intercessão, humildemente vos pedimos, concedei aos que sofrem de câncer o alívio de suas dores e, em vossa infinita bondade, a cura da doença. E a nós livrai-nos da doença do câncer. Ó Deus, por intercessão de São Peregrino, livrai-nos da doença do câncer. Por Cristo Senhor nosso. Amém.

Primeiro dia: Testemunho de conversão

São Peregrino teve uma vivência de riqueza, luxo e desvario, em uma época em que a mentalidade da maioria da população de Forli era de ideologia herética e contestação contra a Igreja e seus ministros. E foi nessa ocasião que o Papa enviou o padre Filipe Benício para pregar a Palavra de Deus. Mas o povo causou uma rebelião e expulsou o sacerdote da cidade com violência. O próprio jovem Peregrino deu-lhe uma bofetada no rosto. Isso, no entanto, tocou fundo seu coração. Ele se arrependeu, foi atrás do pobre frade para pedir perdão, foi perdoado, converteu-se e mudou o rumo de sua vida para o caminho do bem. São Peregrino, com seu testemunho de vida, dá-nos um excelente exemplo de que um cristão pode até errar, mas jamais se conformar com isso. Ter a inteligência de reconhecer que errou, a coragem e a humildade de pedir perdão é uma virtude imensa.

Oração

Ó glorioso Santo Peregrino, que tiveste a coerência e a inteligência de reconheceres que erraste, pedires perdão e propores a ti próprio um novo projeto de vida, traçado na verdade, na justiça e no amor a Deus e ao próximo; que tiveste uma vida privilegiada e a coragem de renunciares a tudo para servires e amares a Deus, ajuda-nos a reconhecermos nossos erros, pedirmos perdão a quem ofendemos ou prejudicamos e mudarmos nossa vida para o certo e o que agrada a Deus.

Pai-nosso, Ave-Maria e Glória ao Pai.

São Peregrino, missionário e penitente, roga por nós, para que sejamos dignos das promessas de Cristo. Amém.

Segundo dia: Testemunho de fé

A pessoa pode perder muitas coisas na vida, mas, se mantiver viva sua fé, ela superará tudo e sairá vitoriosa.

Ao contrário, se perder a fé, perderá tudo, não terá mais nada de concreto para se sustentar. A fé é o baluarte do cristão. São Peregrino em sua juventude caminhou por trilhas nada edificantes. O que parecia ser algo interessante para todos, na verdade, mantinha, no coração de cada um daqueles jovens rebeldes, um vazio insuportável, uma insatisfação e uma falsa sensação de felicidade. O jovem Peregrino, levado pela onda e seguindo aos demais nos feitos fúteis de uma juventude vadia e sem conteúdo, na verdade, tinha uma insatisfação enorme dentro de seu coração. Porque foi tocado por Deus na consciência, ao agredir um homem de Deus, na hora do arrependimento, sua fé brotou de forma imensa e inundou seu coração. E ele tomou posse dessa graça, que Deus estava colocando em suas mãos, como um tesouro precioso.

Oração

Ó amabilíssimo, São Peregrino, reconquistaste tua fé e, na hora em que Deus te deu a graça da conversão, tomaste posse da graça como se fosse um tesouro de valor inestimável. Que belo exemplo nos deixaste de que nunca é tarde para nos arrependermos dos erros cometidos e que coragem tiveste de mudar o rumo de tua vida, mesmo sob a pressão e zombaria que teus antigos amigos te fizeram por ver-te mudar da condição de jovem herege para um jovem fervoroso na fé! Ajuda-nos, São Peregrino, a termos tua coragem e determinação.

Pai-nosso, Ave-Maria e Glória ao Pai.

São Peregrino, missionário e penitente, roga por nós, para que sejamos dignos das promessas de Cristo. Amém.

Terceiro dia: Testemunho de um coração mariano

Todos os grandes santos da Igreja recorreram a Nossa Senhora pedindo que ela os ajudasse na sua vocação e na sua caminhada terrena na perfeição. Não consta que nenhum santo tenha tido uma evolução espiritual, sem ter se entregado aos cuidados da Virgem Maria. Ela, como mãe de Cristo e de todos homens, conhece o coração de cada um de seus filhos, suas dificuldades, fraquezas e qualidades. Por isso sabe como orientar e conduzir nossa vida quando nós, como filhos, procuramos suas orientações de mãe. São Peregrino, após sua conversão, não teve dúvida de que era em Nossa Senhora que ele deveria encontrar todas as respostas para seus questionamentos. E ela, como mãe e mestra, realizou nele uma catequese, orientando-o para encontrar sua verdadeira vocação e missão neste mundo. Belo exemplo de um filho que, antes de tomar decisões precipitadas, vai aconselhar-se com a mãe!

Oração

São Peregrino, apesar de teu caráter impulsivo, deixaste guiar pelos conselhos de Nossa Senhora, recebendo dela toda acolhida de mãe amorosa, que ama seus filhos. Por ela e por intermédio dela, deixaste-te guiar por Jesus e, do rapaz impulsivo que foste, tornaste um anjo ainda em vida. Teu caráter forte foi convertido em mansidão e misericórdia. Ajuda-nos a sermos como tu foste, humilde e obediente a Deus, e a seguirmos os exemplos de fé e confiança em Nossa Senhora. Intercede junto a ela para que cuide de nós e seja nossa mãe e grande intercessora diante do trono de Deus.

Pai-nosso, Ave-Maria e Glória ao Pai.

São Peregrino, missionário e penitente, roga por nós, para que sejamos dignos das promessas de Cristo. Amém.

Quarto dia: Em busca de sua vocação

São Peregrino pediu a Santíssima Virgem Maria uma direção a sua vida e ela o direcionou para a cidade de Sena, pois lá encontraria sua vocação, na qual iria se realizar nesta vida terrena. A vocação é um chamado de Deus para um estado de vida. Existem somente quatro vocações: o matrimônio, o sacerdócio, a vida consagrada e a vida de solteiro. Em uma delas, devemos nos encontrar e felizes, servir a Deus e ao próximo e nos realizarmos como pessoas humanas e filhos de Deus. Se abraçarmos uma vocação errada, vamos comprar a infelicidade e viver frustradamente nossa existência nesta terra. São Peregrino, apesar de ter vivido uma vida fútil, após sua conversão, decidiu fazer a coisa certa e não mais errar nos passos dados. Então, ele foi rezar muito e colocar-se totalmente sob os cuidados e as orientações da Mãe de Deus. Ele não podia mais errar, tinha de fazer a coisa certa. Ela o orientou. Ele foi a Sena em uma longa viagem a pé. Conforme o pedido dela, procurou a Ordem dos Servos de Maria, onde foi recebido e tornou-se um religioso exemplar.

Oração

Glorioso, São Peregrino, que, na cidade de Sena, encontraste tua vocação, ajuda-nos a refletir muito antes de tomarmos decisões, para não cairmos no equívoco da escolha errada. Que teu exemplo de buscar uma resposta, por meio da oração e de um pedido a Nossa Senhora, para uma escolha certa, seja para nós um exemplo de prudência, de perspicácia e determinação. São Peregrino, ajuda-nos a recorrermos às respostas de Deus por meio da oração, sempre que nos encontrarmos confusos para tomarmos uma decisão. Amém!

Pai-nosso, Ave-Maria e Glória ao Pai.

São Peregrino, missionário e penitente, roga por nós, para que sejamos dignos das promessas de Cristo. Amém.

Quinto dia: São Peregrino e sua nova vida

São Paulo Apóstolo, na epístola aos Efésios, diz-nos que precisamos nos despir do velho homem, ou seja, da velha criatura que se corrompe dos desejos enganadores, para nos revestirmos do novo homem, criado para ser semelhante a Deus em justiça e em santidade, proveniente da verdade (cf. Ef 4,22-24). Assim foi a busca de São Peregrino em seu novo caminho. O jovem rebelde e insubordinado, que se orgulhava de ser chamado pela alcunha de "Furacão", tornou-se um jovem que lutou para ser anjo, ainda em vida. Obediente a seus superiores e mestres, São Peregrino se despojou de toda a vida passada para viver a nova vida como um religioso humilde e obediente na Ordem dos Servos de Maria. Deixou de se pertencer e passou a pertencer à Mãe de Deus, como filho a caminho da santidade. Ser santo deve ser a ambição de todo cristão. Ser santo é lutar pela própria perfeição, ir lutando para eliminar todas as imperfeições da própria vida. O santo é aquele que vive com os pés no mundo, mas os pensamentos no céu, desejando contemplar a glória de Deus.

Oração

São Peregrino, que corajosamente te colocaste nas mãos de Deus para que Ele, como Pai, Deus e Senhor, moldasse-te, como faz o oleiro com sua obra-prima na cerâmica, ajuda-nos a termos a mesma disposição e determinação que tiveste para deixar que Deus realizasse em ti sua obra. São Peregrino, ajuda-nos a termos ao menos a mínima coragem que te impulsionou para livrar-te do medo, do acomodamento, para que, com tua ajuda, consigamos seguir o caminho e as obras de caridade que Deus espera de nós. Amém.

Pai-nosso, Ave-Maria e Glória ao Pai.

São Peregrino, missionário e penitente, roga por nós, para que sejamos dignos das promessas de Cristo. Amém.

Sexto dia: São Peregrino, missionário e pregador

Com toda a certeza, deve ser deveras muito difícil ser alguém muito diferente do que fomos e, ainda por cima, em nossa própria terra natal. O próprio Senhor Jesus teve dificuldade de ser aceito por seus concidadãos. Antes conheceram um jovem que era carpinteiro, filho de Maria e José, que ganhava o sustento para si e para sua família, lavrando a madeira. De repente, aquele mesmo jovem carpinteiro apresenta-se em sua cidade como um grande profeta, pregador e realizando milagres. Foi difícil para o povo admitir a nova vida do filho de Maria. E Jesus bem o disse: "Nenhum profeta é bem recebido em sua terra natal". Podemos, então, imaginar o quão difícil foi para São Peregrino ser designado por seus superiores a voltar para Forli, sua terra natal, e lá testemunhar sua nova vida por meio de um trabalho missionário, como pregador do Evangelho! É possível imaginar as críticas, chacotas, zombarias e humilhações, pelas quais deve ter passado. É possível imaginar quantas vezes foi diante da imagem de Nossa Senhora do Fogo chorar suas decepções. Mas quem planta colhe. Ele semeou o bem, a verdade, a justiça e a Palavra de Deus. Com certeza, sua vivência questionou muitos de seus ex-companheiros, que, vendo seu exemplo, se converteram e mudaram de vida. É possível até que alguns tenham se tornado frades como ele.

Oração

São Peregrino, cuja coragem foi sempre tua grande virtude, sê sempre nosso fiel amigo quando nos encontrarmos confusos para tomarmos decisões que não venham nos causar enorme arrependimento depois. Intercede por nós, para que sempre tenhamos a luz do Espírito Santo nos orientando e guiando-nos para o caminho certo. Fortalece nossas convicções e afugenta o medo de nossa vida, para que saibamos ser coerentes e busquemos somente aquilo que agrada a Deus e dignifica nossa pessoa como cristãos e irmãos de todos. Amém.

Pai-nosso, Ave-Maria e Glória ao Pai.

São Peregrino, missionário e penitente, roga por nós, para que sejamos dignos das promessas de Cristo. Amém.

Sétimo dia: São Peregrino, miraculado por Deus

Uma penitência muito difícil São Peregrino determinou para si: nunca mais se sentar em um banco ou em qualquer outro lugar. Suas longas penitências foram consumindo suas forças, a ponto de surgir em sua perna uma chaga cancerígena. Como essa enfermidade o fez sofrer! Exalava um cheiro putrefado e nunca cicatrizava. Para não prejudicar o corpo todo, os médicos decidiram amputar sua perna. São Peregrino, em dor e angústia, na madrugada saiu se arrastando de seu quarto e foi diante de um quadro de Jesus Crucificado, clamou ao Divino Mestre por sua cura. São Peregrino foi tomado de uma visão mística e viu Jesus descer da cruz, tocar sua perna doente com as mãos e curá-lo. E ele se desfaleceu em um longo sono. Pela manhã, ao acordar, viu que sua perna estava curada; nem cicatriz havia. Na hora da cirurgia, os médicos ficaram perplexos, e ele relatou o milagre que havia recebido.

Oração

São Peregrino, por esse fato ocorrido, a Igreja te nomeou como o santo intercessor contra a doença do câncer. Tu, que tiveste uma vida totalmente dedicada a Deus, sê hoje no céu nosso grande intercessor contra a terrível doença do câncer. Quantas pessoas sofrem em consequência dessa moléstia. Tu, que sentiste no próprio corpo a dor e o sofrimento dessa doença, sê nosso insistente intercessor e grande protetor. Cura os que se encontram enfermos e protege a todos, para que não sejam atingidos por essa doença. Livra-nos de todas as enfermidades. Amém.

Pai-nosso, Ave-Maria e Glória ao Pai.

São Peregrino, missionário e penitente, roga por nós, para que sejamos dignos das promessas de Cristo. Amém.

Oitavo dia: São Peregrino cumpre sua missão terrena

Após longos anos de vida religiosa, repletos de orações e penitências, missões itinerantes, o corpo de São peregrino se mostrou cansado, porém, espiritualmente, realizado. Como São Paulo Apóstolo, São Peregrino pôde dizer: "Combati um bom combate". Então Deus o chamou para receber a coroa dos guerreiros, que nada terão mais a fazer a não ser servir a Cristo e a Igreja. São Peregrino adoeceu e, após receber a Unção dos Enfermos, faleceu. Querido e amado por todos, como o antigo "Furacão" que foi, continuou agitando as turbas, mas de um modo diferente. Todos queriam vê-lo pela última vez. Choravam por sua partida, sentindo uma saudade antecipada daquele humilde frade, Servo de Maria, que tão generosamente acolhia todos com amor e misericórdia. Uma pessoa de longe, que queria vê-lo, ser tocado por ele e receber uma cura de uma efermidade, chegou tarde demais. Triste e abatida, no silêncio de seu coração, lamentou não encontrá-lo vivo. Mas, nessa hora, pelo infinito poder de Deus, São Peregrino levantou-se de seu esquife, tocou a pessoa com as mãos, curando--a. Em seguida, deitou-se e seu corpo permaneceu inerte.

Oração

São Peregrino, cujos pedidos Deus nunca deixa de atender, sê nosso insistente advogado diante do trono de Deus nas causas que te confiamos, em favor de nossas misérias, tanto físicas quanto espirituais. Socorre-nos quando a terrível enfermidade do câncer e outras doenças incuráveis ou contagiosas aparecerem. Não cesses de interceder por nós, que, aqui neste mundo, estamos expostos a tantas enfermidades e pandemias. Em tuas mãos, glorioso, São Peregrino, confiamos nossa causa. Amém.

Pai-nosso, Ave-Maria e Glória ao Pai.

São Peregrino, missionário e penitente, roga por nós, para que sejamos dignos das promessas de Cristo. Amém.

Nono dia: São Peregrino na glória de Deus

O testemunho de vida fala mais do que milhares de palavras. Viveu da forma mais coerente possível, testemunhando sua fé e a misericórdia de Deus por onde passava, e isso provocava questionamento nas pessoas. Quantos que, assistindo a seu exemplo, ouvindo suas orientações, se converteram e se encontraram com Deus em uma fé viva e transbordante! Quantos jovens entraram para a Ordem dos Servos de Maria, por verem sua plena realização vocacional! Por onde passava, São Peregrino deixava marcas indestrutíveis de graças e bênçãos de Deus. Quantas pessoas que, mediante sua oração e imposição de mãos, ficaram totalmente curadas de suas terríveis enfermidades! Deus derramava suas graças, bênçãos e sua misericórdia por intermédio daquele humilde frade, que nada mais queria do que fazer a sublime vontade de Deus. Após seu falecimento, os milagres aumentaram, e seu corpo incorrrupto virou causa de veneração. E, mesmo depois da morte, continuou a operar milagres a seus devotos. Continua fazendo até hoje. Foi canonizado e reconhecido como o santo protetor contra as doenças malignas, essencialmente o câncer. E quantas curas se obtêm por sua poderosa intercessão!

Oração

Senhor, nosso Deus, no encerramento desta novena, clamamos que sobre todos nós, cristãos e devotos de vosso servo São peregrino, infundais as forças do Espírito Santo para nos tornarmos firmes e fortes na fé e sermos fiéis aos ensinamentos da Igreja e a seus pastores. Que sejamos vigilantes contra o mal e todo tipo de pecado. Que saibamos ser humildes e generosos e respeitar os outros como nossos irmãos. Que sejamos fiéis à celebração da Santa Missa aos domingos, participando da Eucaristia e assíduos nas orações diárias, principalmente na do terço, do Rosário de Nossa Senhora e no seguimento de vossa palavra nas Sagradas Escrituras. Amém.

Pai-nosso, Ave-Maria e Glória ao Pai.

São Peregrino, missionário e penitente, roga por nós, para que sejamos dignos das promessas de Cristo. Amém.

TRÍDUO DE SÃO PEREGRINO

1º dia

Glorioso, São Peregrino, que tiveste a coragem e a humildade de reconhecer teus erros, tuas falhas e teus pecados e, de coração contrito, pediste perdão a frei Filipe Benício. Com essa tua atitude, mostraste-nos que muito inteligente é quem tem a capacidade de reconhecer que errou, tem coragem de pedir perdão e mudar de vida. Essa atitude não é de humilhação, mas de sabedoria. Dá-nos coragem de imitar esse teu santo exemplo, nos momentos em que falhamos, cometemos ofensas e humilhamos nosso próximo. Praticar maldades nos faz sentir pequenos e desconfortáveis diante de quem ofendemos e perante as outras pessoas. Intercede por nós para que jamais pratiquemos esse tipo de injustiça com nosso próximo, mas antes nos faz lembrar da humildade de Jesus Cristo quando foi humilhado até a morte na cruz. Ajuda-nos a sermos santos como tu, vencendo todas as nossas falhas e todos os nossos defeitos.

Pai-nosso, Ave-Maria, Glória ao Pai.

São Peregrino, roga por nós para que sejamos dignos das promessas de Cristo.

Oremos: Pela poderosa intercessão de São Peregrino, Divino Pai Eterno, livrai-nos dos males espirituais, das doenças físicas e da falta de justiça e do desamor. Dai-nos a bênção da saúde do corpo e da alma. Nós vos pedimos isso por Nosso Senhor Jesus Cristo, vosso Filho, que convosco vive e reina na unidade do Espírito Santo. Amém.

2º dia

Bem-Aventurado, São Peregrino, foste um fervoroso devoto de Nossa Senhora e tiveste o sublime privilégio de, em uma experiência mística, falar com a Mãe de Deus. A ela confiaste tua vocação e dela recebeste toda a orientação que deverias seguir. Intercede em nosso favor, São Peregrino, a Santíssima Virgem Maria, como mãe de todos nós, para que nos guie pela caminhada da verdade, da justiça e do amor. Intercede por nós para que Maria nos dê a graça de ver Jesus da mesma forma que ela o viu e guardava todos os seus feitos em seu coração. Que ela não canse de interceder por todos nós, como mãe amorosa que quer ver a todos nós no caminho da santidade. Que Maria, como mãe, esteja sempre presente em nossa vida, nos momentos de alegria e, sobretudo, nos momentos difíceis.

Pai-nosso, Ave-Maria, Glória ao Pai.

São Peregrino, roga por nós para que sejamos dignos das promessas de Cristo.

Oremos: Pela poderosa intercessão de São Peregrino, Divino Pai Eterno, livrai-nos dos males espirituais, das doenças físicas, da falta de justiça e do desamor. Dai-nos a bênção da saúde do corpo e da alma. Nós vos pedimos isso por nosso Senhor Jesus Cristo, vosso Filho, que convosco vive e reina na unidade do Espírito Santo. Amém.

3º dia

Milagroso, São Peregrino, a cujos pedidos de teus devotos dás enorme atenção, lembra-te da grande graça que recebeste de Jesus diante daquele quadro, quando sofrias até não poderes mais com a chaga aberta em tua perna.

Clamaste com toda a fé de teu coração, e Jesus desceu da cruz, tocou tua perna, e imediatamente ficaste curado. A todos os que sofrem dessa terrível enfermidade dá total carinho e atenção e obtém de Jesus Cristo a cura para teus devotos. Que ninguém fique esquecido por ti, mas digna-te incessantemente interceder por teus devotos. Sê o advogado da causa que cada um te entregar como pedido da graça da cura.

Pai-nosso, Ave-Maria, Glória ao Pai.

São Peregrino, roga por nós para que sejamos dignos das promessas de Cristo.

Oremos: Pela poderosa intercessão de São Peregrino, Divino Pai Eterno, livrai-nos dos males espirituais, das doenças físicas, da falta de justiça e do desamor. Dai-nos a bênção da saúde do corpo e da alma. Nós vos pedimos isso por nosso Senhor Jesus Cristo, vosso Filho, que convosco vive e reina na unidade do Espírito Santo. Amém.

CONSAGRAÇÃO DIÁRIA, PEDINDO UMA GRAÇA

São Peregrino, tu, que tiveste o privilégio de poder contemplar a Virgem Maria em uma mística visão e dela receber a orientação para tua vida e vocação; tu, que tiveste o sublime privilégio de, em uma experiência mística, ser curado por Jesus Cristo, que, descido da cruz, veio, tocou tua perna doente e te curou; tu, que em toda a tua vida viveste uma vida de penitência, de amor à vida religiosa e da busca constante da santidade; tu, que amaste a oração e a recitação diária do santo Rosário de Nossa Senhora, quero, neste momento, pedir a graça de me entregar inteiramente a tua proteção e constante intercessão. Cura-me dos males físicos, dos males morais e dos males espirituais. Entrego-me a tua proteção para que me ajudes a caminhar no amor de Deus. Peço-te que me ajudes a seguir o caminho certo e a nunca me desviar dele. Ajuda-me a amar cada vez mais o Divino Pai Eterno, Nosso Senhor Jesus Cristo, o Divino Espírito Santo Paráclito e a minha mãe Maria Santíssima. Protege-me contra as insídias do mal e ajuda-me a caminhar com coerência nesta vida terrena e um dia chegar à pátria eterna. Amém.

ÍNDICE

Apresentação......3

I. História......7
Terra natal......9
A família......11
Juventude transviada......13
O papa manda um emissário a Forli......15
Arrependimento e perdão......17
Clama à virgem um rumo para sua vida......20
Em Sena, encontra sua vocação......23
A formação......25
Vivendo sua missão em Forli......29
Penitente......32
A Eucaristia......34
A oração......36
Amor à Palavra de Deus......39

Na escola da Virgem Maria 41
A doença e a cura milagrosa 44
O trânsito e os milagres 47
Canonização e glória 50
A popularidade de São Peregrino 52
São Peregrino no Brasil 55

II. Devocionário 63
Vintena de São Peregrino 65
Oração a ser feita para um enfermo 66
Oração a ser feita pelo próprio enfermo 67
Terço milagroso de São Peregrino 68
Ladainha de São Peregrino 71
Lembrai-vos de São Peregrino 73
Dozena de São Peregrino 75
Novena de São Peregrino 80
Tríduo de São Peregrino 96
Consagração diária, pedindo uma graça 100